Woord vooraf

Het Belgisch Instituut voor Normalisatie (BIN) heeft in 2001 de norm NBN Z 01-002 in verband met het opmaken en typen van documenten herzien. De herziening was nodig als gevolg van de verdere automatisering van de gegevensverwerking. Deze norm bevordert de eenvormigheid bij de invoer en verwerking van zakelijke en administratieve gegevens om de eenvoud, de leesbaarheid en de uitwisselbaarheid ervan te vergroten.

Na de publicatie van de vernieuwde norm in het Belgisch Staatsblad heeft het Vlaams Verbond van het Katholiek Onderwijs (VVKSO) de bekende BIN-brochure gerestyled en aangepast met toelichtingen en nieuwe voorbeelden. De vernieuwde norm wordt ook consequent toegepast in alle publicaties van het VVKSO.

Voor de praktische uitwerking van een rapport of eindwerk zijn er geen echte voorschriften of normen beschikbaar. Om een eindrapport te maken over de geïntegreerde proef is er echter nood aan een aantal voorschriften in verband met bladschikking, indeling en nummering, bronvermelding, literatuurlijst ... De brochure **Rapporteren** was dus eveneens aan herziening toe. Deze nieuwe uitgave is bovendien uitgebreid met enkele praktische richtlijnen voor een goede leesbaarheid van teksten.

De sectorcommissie Handel van het VVKSO vindt deze brochure een belangrijke leidraad bij de realisatie van een rapport of eindwerk. De voorgestelde onderrichtingen zijn er rigoureus in toegepast. Achterin vind je een index. Zo kun je de brochure ook als naslagwerk gebruiken.

De verwerking van de brochure gebeurde met het tekstverwerkingsprogramma **Microsoft Word**. Van alle professionele voorzieningen van het programma, zoals het gebruik van opmaakprofielen met automatische nummering in verschillende niveaus, automatische paginanummering, het genereren van de inhoudsopgave en het trefwoordenregister, bijschriften bij de tabellen, spellingcontrole ... werd in deze brochure gebruik gemaakt.

Inhoud

Inleiding

In de algemene onderrichtingen bij de geïntegreerde proef staat dat je zelfstandig een eindrapport of eindwerk dient op te maken. Je vindt in deze brochure nuttige informatie over de omslag, het titelblad, het woord vooraf, de inhoudsopgave, de inleiding, de indeling in hoofdstukken, het besluit, de bijlage(n), het trefwoordenregister, de bronvermelding ...

De BIN-normen (afspraken, dactylografische regels ...) blijven vanzelfsprekend integraal van toepassing. Het overzicht van de spatiëringsregels is in deze brochure opgenomen.

Bij de praktische realisatie van het rapport of eindwerk volg je het best heel nauwkeurig deze richtlijnen. Meteen kun je je volledige aandacht laten gaan naar het essentiële, namelijk de inhoud. Je moet immers bewijzen dat je in staat bent op een efficiënte en nauwkeurige wijze te rapporteren over je werkzaamheden en ervaringen in het kader van de geïntegreerde proef.

1 De delen van het rapport of eindwerk

1.1 Omslag

Als omslag neem je het best een licht karton in een zachte kleur. Misschien moet je op school speciale richtlijnen volgen, bijvoorbeeld per schooljaar of per klas dezelfde kleur voor alle leerlingen.

Op de omslag vermeld je:

- de schoolgegevens (bv. boven rechts of boven midden),
- de titel van het werk (bv. in een groter lettertype),
- de ondertitel (bv. in een kleiner lettertype),
- je persoonlijke gegevens (bv. rechts beneden),
- het schooljaar (bv. onder de naam of onderaan).

Als bijlagen vind je enkele omslagmodellen.

Onmiddellijk na de omslag komt het titelblad met daarop dezelfde tekst als op de omslag. De paginanummering begint vanaf het titelblad. De keerzijde van het titelblad blijft leeg bij recto/verso afdrukken maar telt mee in de nummering. De vermelding van het paginanummer begint pas vanaf de eigenlijke tekst.

1.2 Woord vooraf

Het *Woord vooraf* komt op een apart blad en beslaat één pagina. Die telt wel mee in de paginanummering, maar heeft geen pagina-aanduiding. De keerzijde blijft leeg bij recto/verso afdrukken maar telt mee in de nummering.

In het *Woord vooraf* omschrijf je binnen welk kader je het rapport of eindwerk hebt geschreven (bijvoorbeeld eindrapport arbeidsoriënterende projectweek, stageverslag, eindrapport geïntegreerde proef). Bovendien kun je het bedrijf of de organisatie vermelden waar je stage hebt gelopen.

Je kunt ook de personen bedanken die je hebben begeleid bij je eindwerk of rapport (bijvoorbeeld de stagementor, de begeleidende leraar, het personeel van een bepaalde afdeling, je ouders, je vriend(in) ...). Vermeld de belangrijkste perso(o)n(en) eerst en pas de juiste schrijfwijze toe. Vermeld ook hun titel (bijvoorbeeld ir.) en functie (bijvoorbeeld hoofd human resources).

In het *Woord vooraf* kun je ten slotte vermelden met welk professioneel tekstverwerkingsprogramma en met welke printer je je eindwerk of rapport hebt verwerkt en afgedrukt.

1.3 Inhoudsopgave

De inhoudsopgave geeft de lezer een eerste indruk van inhoud en structuur van het rapport of eindwerk. De inhoudsopgave komt **vooraan**, onmiddellijk na het *Woord vooraf*. De pagina's van de inhoudsopgave hebben in principe geen pagina-aanduiding, maar tellen wel mee in de paginanummering.

Doordat je de inhoudsopgave automatisch genereert in het tekstverwerkingsprogramma, worden de titels van hoofdstukken en onderverdelingen hierin letterlijk overgenomen. Je verifieert of de lay-out de voorgestelde normen volgt en of de pagina-aanduidingen correct zijn.

Alleen de titel van een nieuw hoofdstuk mag je benadrukken, eventueel in een groter lettertype en/of vet. Hij begint na een witruimte. Bij de overgang naar een verdere indeling laat je het best ook een witruimte.

Door de niveaus van de inhoudsopgave te laten inspringen, verduidelijk je de structuur ervan. Door alle titels in de inhoudsopgave op een gelijke afstand van de linkerkantlijn te plaatsen, maak je het opzoeken gemakkelijker. Deze laatste werkwijze is in deze brochure toegepast.

Voorlooppuntjes of -streepjes zorgen ervoor dat de lezer het paginanummer zonder problemen kan vinden.

1.4 Inleiding

Met een vlot leesbare tekst als inleiding wek je de interesse van de lezer. Je vermeldt hierin de probleemstelling, de begrenzingen, een korte samenvatting en de situering van het onderwerp van je rapport of eindwerk. Bovendien kun je de gehanteerde begrippen definiëren en eventueel meer achtergrondinformatie geven voor de niet-deskundige lezer.

De inleiding begint op een nieuwe pagina zonder pagina-aanduiding. Deze pagina telt wel mee in de paginanummering.

1.5 De eigenlijke tekst

Een verzorgde lay-out bevordert de leesbaarheid van je rapport of eindwerk. Binnen dit vastgelegde kader kun je nog creatief zijn. Essentieel in je rapport of eindwerk blijft de inhoud. Hieraan dien je de meeste aandacht te besteden.

1.5.1 Algemene lay-outregels (marges, lettertype ...)

Je gebruikt alleen papierformaat A4 (21 cm x 29,7 cm) van minimum 70 g.

Gebruik bij voorkeur een vlot leesbaar, hedendaags lettertype zoals Arial, Tahoma, Times, Verdana ... Beperk je tot één basislettertype voor het hele eindwerk. Kies de lettergrootte in functie van het gekozen lettertype. Druk de volledige tekst niet af met een te klein lettertype en zeker niet cursief.

Je tekstverwerkingspakket maakt het mogelijk je tekst volledig uit te vullen. Vermijd dan grote blokken wit tussen de woorden door de afbreekzones te verkleinen.

Alle onderdelen van het rapport of eindwerk beginnen in principe aan de linkermarge. Tussen twee alinea's komt een witregel.

Rapporten en eindwerken hebben volgens de BIN-normen de volgende marges:

	BIN-norm
Linkermarge	20 mm
Rechtermarge	20 mm
Bovenmarge	20 mm
Ondermarge	20 mm

Tabel 1: marges

Het paginanummer plaats je bovenaan of onderaan op de pagina op minstens 13 mm van de rand van het blad. Plaats het paginanummer bij voorkeur aan de buitenkant van de pagina.

Laat je het rapport of eindwerk recto/verso afdrukken, dan komt het paginanummer afwisselend rechts en links. De voorzijde (rectozijde) heeft steeds een oneven paginanummer, de achterzijde (versozijde) een even nummer.

Je mag het paginanummer ook onderaan in het midden van de pagina plaatsen.

Na het paginanummer komt **geen** punt en je plaatst het **niet** tussen streepjes.

De kop- en/of voetteksten kunnen het onderwerp, je naam, de naam van de school, de pagina-aanduiding ... bevatten. Je gebruikt hiervoor bij voorkeur een kleiner lettertype dan de andere tekst, eventueel vet of cursief. De school kan hier eigen regels voorschrijven.

Als je tekst in kolommen verdeelt, hebben alle kolommen bij voorkeur dezelfde breedte. Door woordsplitsing en woord- en letterspatiëring kun je grote witruimten tussen woorden vermijden. Als de tekst niet de volledige pagina vult, hebben alle kolommen bij voorkeur dezelfde lengte.

Zwevende regels onderaan of bovenaan op een pagina of in een kolom moet je vermijden. Hetzelfde geldt voor losse titels.

1.5.2 Regelafstand en witregels

In je rapport of eindwerk gebruik je de enkele regelafstand.

Vóór een titel is er een witruimte van twee regels. Tussen twee opeenvolgende titels en na een titel komt er een witruimte van slechts één regel. Tussen alinea's komt een witruimte van één regel.

Tabellen en tekstdelen met opsommingen worden door één witregel van de andere tekstdelen gescheiden.

Opmerking

Om een onderscheid te maken met andere tekstdelen komt er één witregel voor en na aanduidingen als **Opmerking, Voorbeeld** ...

1.5.3 Opsommingen

Opsommingen beginnen aan de linkermarge, eventueel aangeduid met een teken (streepje, puntje ...). Na het teken volgt een insprong. Onder het teken dat de opsomming aanduidt, komt dus geen tekst. Vóór en na de opsomming plaats je een witregel.

Opsommingen in een zin beginnen na een dubbelpunt. De volgende regels gelden dan:

- de elementen van de opsomming beginnen met een kleine letter;
- als die elementen bestaan uit grotere tekstdelen of zinnen, eindigen ze met een kommapunt;
- als de elementen bestaan uit korte begrippen, eindigen ze met een komma;
- het laatste element van de opsomming eindigt met een punt, als de zin daar eindigt.

1.5.4 Voetnoten en eindnoten

Voetnoten kun je per pagina of doorlopend nummeren. Je plaatst ze steeds onderaan op de pagina. Je scheidt ze van de tekst door een witruimte van twee regels, gevolgd door een ononderbroken horizontale lijn van 3 à 5 cm. Deze bevindt zich net boven de noten en begint bij de linkerkantlijn.

Je kunt de voetnoten ook achteraan samenvoegen (eindnoten) en in de tekst doorlopend nummeren. De eerste eindnoot komt op een nieuwe pagina.

Voor voet- en eindnoten neem je een kleiner lettertype. Als verwijzingsteken gebruik je een getal in Arabische cijfers, zo mogelijk in superscript. Je gebruikt dit verwijzingsteken zonder haakjes, met één haakje of met twee haakjes. Gebruik wel consequent hetzelfde systeem in het hele eindwerk.

De vermelding van een bron in een voetnoot gebeurt op identieke wijze als in de literatuurlijst.

Voorbeeld

De twee hoekstenen in het managementproces zijn planning en controle. Samen reguleren deze twee begrippen prestaties en gedrag[1].

Het managementcontrolesysteem bestaat uit drie subsystemen: verzamelen van informatie, vergelijken met een norm en zonodig bijsturen.[2)]

... [(3)]

▸

▸

---

[1] Deze theorie vindt u uitgebreid terug in het basiswerk van BUELENS, M., *Management en effectieve organisatie*, p. 148 e.v. *(verwijzingsteken zonder haakjes)*

[2)] Meer informatie vindt u in hoofdstuk 3. *(verwijzingsteken met één haakje)*

[(3)] Hier wordt nog informatie toegevoegd. *(verwijzingsteken met twee haakjes)*

1.5.5 Decimale indeling

Bij de opmaak van je rapport of eindwerk gebruik je de decimale alinea-indeling (in Arabische cijfers). Na het alineanummer komt er **geen** punt. Bij elk punt van een numerieke indeling is er een informatieve en korte titel. Na de titel komt er **geen** leesteken, behalve als het om een volledige zin gaat.

Na het alineanummer volgt een insprong. Die is voor alle niveaus gelijk, bijvoorbeeld 15 of 20 mm. Door in te springen komen de titels die langer zijn dan een tekstregel netjes onder elkaar. Dat verhoogt de leesbaarheid.

Om de structuur van je rapport of eindwerk overzichtelijk te houden, beperk je het aantal niveaus tot maximum drie. De verschillende niveaus herkent de lezer aan de lettergrootte en/of weergave van de titels (vet, cursief, onderstreept). Een combinatie van vet, cursief en onderstreept kan, maar je moet ze vermijden. Gebruik je <u>onderstrepen</u>, onthoud dan dat het alineanummer <u>niet</u> wordt onderstreept.

Een voorbeeld van indeling. (*Hoeveel witregels je moet laten, wordt weergegeven door* ▸.)

Voorbeeld

---

1 Kennismaking met het stagebedrijf

▸

1.1 Historiek van het bedrijf

▸

In 1965 stichtte de heer Rob Geers ....
In de beginperiode telde het bedrijf 10 medewerkers, maar ...

▸

▸

1.2 Vestigingsfactoren

▸

1.2.1 Positieve vestigingsfactoren

▸

Het ...
...

▸

▸

1.2.2 Negatieve vestigingsfactoren

▸

Als negatieve ...
...

▸

▸

1.3 Betekenis van het bedrijf in de sector

▸

Het bedrijf ...
...

▸

▸

1.5.6 Tabellen, grafieken en illustraties

Tabellen, grafieken of illustraties hebben geen aparte plaats in het eindwerk. Ze komen op dezelfde pagina als de bijbehorende tekst. Als je in de tekst naar de tabellen, grafieken of illustraties verwijst, nummer je ze doorlopend. Achteraan in je rapport of eindwerk kun je een lijst opnemen van alle tabellen, grafieken en illustraties. Ze worden vermeld in de volgorde waarin ze voorkomen, met telkens daarbij het bijschrift en het paginanummer.

Een witregel voor en na scheidt de tabel, grafiek of illustratie van de tekst.

Professionele aanpak veronderstelt dat je:

- tabellen met je tekstverwerkingspakket ontwikkelt en de lay-out verder verfijnt;
- in een tabelkop voorziet, die automatisch wordt herhaald, als de tabel over verschillende pagina's is gespreid;
- grafieken met je tekstverwerkingspakket maakt of – bij meer ingewikkelde berekeningen – met een elektronisch rekenblad; nadien moet je deze importeren in je tekst;
- illustraties scant en ze dan met je tekstverwerkingspakket bewerkt. Is dit niet mogelijk, dan plak je de originele illustratie in een leeg kader. Komt de illustratie uit een boek, neem dan een verzorgde en duidelijke kopie.

1.6 Besluit

Hier verwacht de lezer een algemene conclusie. Ga uit van vaststellingen en van zowel positieve als negatieve ervaringen. Formuleer op een persoonlijke wijze je besluit. Dit is een belangrijk onderdeel. De lezer zal dit bij een eerste lezing zeker doornemen, samen met de inleiding en het woord vooraf.

1.7 Literatuurlijst

In de literatuurlijst geef je een opsomming van de informatiebronnen die je hebt geraadpleegd. Je kunt eventueel je informatiebronnen rubriceren onder bijvoorbeeld *Boeken, Tijdschriften, Naslagwerken, Interne documentatie, Elektronische bronnen, Andere publicaties* ... Binnen elke rubriek rangschik je de bronnen alfabetisch volgens de naam van de auteur.

De literatuurlijst dient de volgende gegevens over een werk te bevatten:

- de naam (namen) van de auteur (auteurs);
- de titel van het werk (letterlijk overgenomen);
- de druk (als het de eerste druk is, hoef je dit niet te vermelden);
- de plaats van uitgave;
- het jaar van uitgave.

Er zijn kleine verschillen in de bronvermeldingen naargelang van de soort bron.

1.7.1 Bronvermelding boeken

Eerst komt de naam van de auteur in hoofdletters, gevolgd door een komma. De titulatuur (ir., dr., prof. ...) hoef je niet te vermelden. Schrijf dan de eerste letter van de voornaam (of eventueel de initialen), gevolgd door een punt. Dan komt een komma. Als er meer auteurs zijn, plaats je 'en' voor de naam van de laatste auteur.

Daarna vermeld je de titel van het boek, gevolgd door een komma. De titel mag je accentueren (cursief, onderstrepen). Dan volgen in gewoon schrift de druk, de uitgeverij, de plaats van uitgave, het jaar van uitgave en het aantal pagina's, telkens gescheiden door een komma. De bronvermelding beëindig je met een punt.

Voorbeeld

JANSSEN, D.H., VAN DEN BOOGAARD, I.L. en VAN DEN HURK, J.G., *Zakelijke communicatie, een leergang 'communicatieve vaardigheden' voor het HBO,* Wolters-Noordhoff BV, Groningen, 1999, 304 pagina's.

Je mag de titel ook onderstrepen in plaats van te cursiveren. Dit is het resultaat:

Voorbeeld

JANSSEN, D.H., VAN DEN BOOGAARD, I.L. en VAN DEN HURK, J.G., <u>Zakelijke communicatie, een leergang 'communicatieve vaardigheden' voor het HBO</u>, Wolters-Noordhoff BV, Groningen, 1999, 304 pagina's.

1.7.2 Bronvermelding tijdschriftartikels

Eerst komt de naam van de auteur in hoofdletters, gevolgd door een komma. De titulatuur (ir., dr., prof. ...) hoef je niet te vermelden. Schrijf dan de eerste letter van de voornaam (of eventueel de initialen), gevolgd door een punt. Dan komt een komma. Als er meer auteurs zijn, plaats je 'en' voor de naam van de laatste auteur.

Daarna vermeld je de titel van het artikel in gewoon schrift en tussen aanhalingstekens, gevolgd door een komma. Dan volgt de titel van het tijdschrift, gevolgd door een komma. Die mag je accentueren (cursief, onderstrepen). Dan komen in gewoon schrift de jaargang, de maand van aflevering, het nummer van het tijdschrift en de vermelding van begin- en eindpagina van het artikel, telkens gescheiden door een komma. De bronvermelding voor tijdschriftartikels beëindig je met een punt.

Voorbeeld

SIMONIS, F., 'Totaalbeeld van een mondelinge presentatie – voorbereiding met video-opname en beoordelingslijst', *Ad Rem*, jaargang 13 (2001), juli/aug., nr. 4, p. 53-55.

Je mag de titel van het tijdschrift (<u>Ad Rem</u>) ook onderstrepen.

1.7.3 Bronvermelding elektronische bronnen

Cd-rom – computerprogramma

Eerst komt de naam van de samensteller(s) in hoofdletters, gevolgd door een komma. De titulatuur hoef je niet te vermelden. Schrijf dan de eerste letter van de voornaam (of eventueel de initialen), gevolgd door een punt. Eventueel schrijf je '(red.)' als het om redacteuren gaat. Dan komt een komma. Als er meer auteurs zijn, plaats je 'en' voor de naam van de laatste auteur.

Daarna vermeld je de titel, gevolgd door een komma. De titel mag je accentueren (cursief, onderstrepen). Dan volgt 'cd-rom' of 'computerprogramma' in gewoon schrift. Daarna volgen de uitgeverij, de plaats van uitgave en het jaar van uitgave, telkens gescheiden door een komma. De bronvermelding beëindig je met een punt.

Voorbeelden

ANP (red.), *Dit was 2000 – Wereldnieuws overzicht*, cd-rom, Philips Interactive Media Benelux B.V., 2001.

BAERT, M.-A., DE HERT, W., VANCAUWELAERT, P. en VISSERS, K., <u>Establisher versie 2.0</u>, computerprogramma, Wolters Plantyn, België, 1999.

E-mail

Eerst komt de naam van de afzender in hoofdletters, gevolgd door een komma. De titulatuur hoef je niet te vermelden. Schrijf dan de eerste letter van de voornaam (of eventueel initialen), gevolgd door een punt. Daarna volgt het e-mailadres tussen ronde haakjes, gevolgd door een komma.

Dan komt het onderwerp van de e-mail. Het onderwerp mag je accentueren (cursief, onderstrepen). Daarna schrijf je 'e-mail aan' met de naam van de geadresseerde, gevolgd door een komma. Schrijf dan de eerste letter van de voornaam (of eventueel de initialen), gevolgd door een punt. Na een komma komt het e-mailadres tussen ronde haakjes, gevolgd door een komma. Daarna volgt de datum van de e-mail. De bronvermelding beëindig je met een punt.

Voorbeeld

VANDEPERRE, J., (jan.vandeperre@vvkso.vsko.be), <u>Nieuwsbrief december 2001</u>, e-mail aan MAESEN, C., (cindy.maesen@hotmail.com), 2001-12-01.

Internet – artikels

Eerst komt de naam van de auteur in hoofdletters, gevolgd door een komma. De titulatuur hoef je niet te vermelden. Schrijf dan de eerste letter van de voornaam (of eventueel de initialen), gevolgd door een punt. Dan komt een komma.

Daarna vermeld je de titel van het artikel in gewoon schrift en tussen aanhalingstekens, gevolgd door een komma. Dan schrijf je 'internet', gevolgd door een komma en de titel van de krant of het tijdschrift. Die mag je accentueren (cursief, onderstrepen). Na een komma volgen in gewoon schrift de jaargang, de maand van aflevering en eventueel het nummer van het tijdschrift of de verschijningsdatum van de krant op het internet. Daarna volgt een komma. Tussen ronde haakjes vermeld je daarna het volledige internetadres. Je eindigt met een punt.

Internet – andere informatie

Eerst komt de naam van de auteur of redacteur in hoofdletters, gevolgd door een komma. De titulatuur hoef je niet te vermelden. Schrijf dan de eerste letter van de voornaam (of eventueel de initialen), gevolgd door een punt. Eventueel schrijf je '(red.)' als het om redacteuren gaat. Dan komt een komma.

Daarna vermeld je de titel van het artikel, gevolgd door een komma. De titel mag je accentueren (cursief, onderstrepen). Daarna schrijf je 'internet', gevolgd door een komma en de datum van het artikel (als er een datum is vermeld) of de datum waarop jij het internet raadpleegde. Na een komma vermeld je het volledige internetadres tussen ronde haakjes. Daarna volgt een punt.

Voorbeelden

MICHIELS, K., 'INTERVIEW. Op audiëntie bij Philippe Starck', internet, De Standaard Online, 2001-06-18, (http://www.destandaard.be/nieuws/economie).

VAN EEDEN, R., *Kabelbreuk China en VS vertraagt internet*, internet, 2001-09-21, (http://www.webwereld.nl/nav/nb?8590).

1.7.4 Andere bronvermeldingen

Naar analogie kun je ook andere informatiebronnen opnemen in de literatuurlijst. Van een bron waarvan de auteur onbekend is, vermeld je in de plaats van de naam van de auteur onmiddelijke de titel van het werk.

Voorbeelden

IGL, CIBO, *Telematica in het onderwijs*, Hasselt, 1999, 23 pagina's, (beschrijvend rapport van zes projecten, geschreven door het Centrum voor Informatietechnologie en Buitengewoon Onderwijs uit Hasselt).

BOONE, A., 'De uitrustingsproblematiek in het TSO', *Staten-Generaal van het Technisch Onderwijs*, VUB Brussel, 20 maart 1993, (toespraak van de heer A. Boone tijdens de Staten-Generaal van het Technisch Onderwijs).

Richtlijnen voor het evalueren van een eindwerk, interne brochure, PHL, Hasselt, september 2006, 27 pagina's.

1.8 Bijlage(n)

Als een illustratie of document een onmisbaar onderdeel is van je rapport of eindwerk, neem die dan op in je tekst. Heb je veel formulieren, artikels, illustraties ... plaats ze dan achteraan als bijlagen. In de eigenlijke tekst verwijs je duidelijk naar die bijlagen. Iedere bijlage nummer je apart en geef je een titel.

Als je heel veel bijlagen hebt en/of het geheel moeilijk in te binden is, bundel ze dan apart. Op een blad geef je een overzicht van alle bijlagen (omschrijving en pagina-aanduiding).

2 Normen en afspraken

In de volgende tabel vind je een overzicht van enkele items om extra aandacht aan te besteden.

BIN-regels voor	Voorbeelden	Opmerkingen
afkortingen	*mgr., nl., nr., a.u.b., bv., d.w.z.*	Afkortingen hebben steeds een punt.
bankrekeningnummer tot 31 december 2007	*452-8124001-71*	Tussen de drie groepen cijfers staat een liggend streepje.
bankrekeningnummer vanaf 1 januari 2008	*BE49 4528 1240 0171*	Het IBAN (International Bank Account Number) wordt gegroepeerd per 4 karakters.
	BIC KREDBEBB	Het wordt gevolgd door de BIC-code (Bank Identifier Code).
btw-identificatienummer	*BE 402 220 594*	Gebruik geen punten in het btw-identificatienummer.
datum	*2002-09-17*	In doorlopende tekst vermeld je de maand voluit: 17 september 2002.
getallen	*1 235 456* *12,123 23*	Gebruik de vaste spatie om te voor komen dat getallen worden gesplitst op het einde van de regel.
letterwoorden	*VRT, VTM, KBC* *Navo, Unesco*	Je schrijft ze in hoofdletters of in kleine letters, zonder punten, zoals de organisatie ze zelf schrijft.
munteenheid	*12,45 EUR* *25,00 EUR* *€ 135,55*	Schrijf steeds twee cijfers na de komma. De valutacode (EUR) plaats je achter het bedrag, gescheiden door een spatie. Het eurosymbool (€) plaats je voor het bedrag, gescheiden door een spatie.
snelheid	*120* km/h	Het symbool van tijd is **h**.
symbolen	km, g, kg, h	Symbolen schrijf je zonder punt.
telefoon- en faxnummer	*Tel. 089 46 35 24* *Fax 089 46 19 26*	**Fax** heeft geen punt, het is immers geen afkorting.
tijd	*werktijd: van 9 tot 12 uur*	Schrijf niet: van 9 u. tot 12 u.

Tabel 2: afspraken

Wil je meer informatie over hoe je de datum, de tijd, getallen, de temperatuur, het graadteken, het telefoon- en faxnummer, het bank- en postrekeningnummer, symbolen ... moet vermelden, raadpleeg dan de VVKSO-brochure *BIN-normen - Efficiënte communicatie.*

3 Eigen regels van de school

Deze brochure bevat het globale stramien van je rapport of eindwerk. De school kan eigen regels bepalen.

4 Briefschikking

Misschien moet je in het kader van de uitwerking van je eindwerk of rapport brieven versturen om informatie aan te vragen.

In de VVKSO-brochure *BIN-normen - Efficiënte communicatie* lees je hoe je een brief moet indelen en schikken volgens de norm NBN Z01-002 *Indelen en typen van documenten* gepubliceerd in 2001.

5 Schrijftips

Als je je rapport of eindwerk schrijft, moet je altijd voor ogen houden, dat anderen het moeten lezen. Je vindt dat misschien niet meer dan normaal. Maar hou je er ook rekening mee als je schrijft?

5.1 De juiste opbouw

Moet je eerst een gedetailleerde opbouw van je eindwerk uitwerken? Of kun je meteen aan de slag en zal de opbouw van het geheel wel gaandeweg tot stand komen?

Zorg vooraf voor een goede structuur. Achteraf aanpassingen doorvoeren aan de structuur is gemakkelijker dan een rommelig geheel nadien nog moeten structureren. Consulteer kritisch enkele goede voorbeelden, maar neem de structuur ervan niet zomaar over. Geen enkel rapport of eindwerk is hetzelfde als een ander.

Om tot een goed resultaat te komen moet je vooraf het onderwerp zo nauwkeurig mogelijk omschrijven. Sta ook voldoende lang stil bij de bedoeling van het rapport of eindwerk en probeer je een beeld te vormen van je lezers.

5.2 De juiste indeling

Zorg voor een evenwichtige opbouw van je rapport of eindwerk. Verdeel je gegevens over een voldoende aantal hoofdstukken die evenwichtig van inhoud en ongeveer even lang zijn. Verdeel de hoofdstukken in een aantal paragrafen en de paragrafen in alinea's. Controleer dat achteraf in de inhoudsopgave via de automatische nummering van de paragrafen. Zorg voor een duidelijke samenhang tussen de alinea's en binnen alinea's tussen zinnen.

Maak gebruik van de juiste verbindingswoorden. Als je opsommingen aankondigt, zorg dan ook voor een gelijkmatige verdeling van de inhoud van ieder punt.

5.3 De juiste toon

De juiste toon kiezen voor je eindwerk is niet zo eenvoudig. Je weet immers niet precies wie je eindwerk zal lezen. De juiste toon hangt ook samen met het onderwerp van je rapport. Een rapport over de minionderneming waar je zelf rechtstreeks bij betrokken bent geweest is niet hetzelfde als de beschrijving van de firma waar je stage hebt gelopen. Daarbij moet je er voor zorgen, dat je consequent dezelfde toon hanteert.

Zorg er in ieder geval voor, dat je de tekst niet betuttelend formuleert. Je lezers zijn geen kleine kinderen. Kijk ook uit met reclamefolders en ander promotiemateriaal. Misschien haal je er wel nuttige informatie uit, maar de toon moet je zeker aanpassen. Herschrijf de passages die te veel op het werven van nieuwe klanten zijn gericht.

Om er zeker van te zijn, dat je de juiste toon hanteert laat je het best je eindwerk door enkele mensen nalezen. Vraag hen of ze zich door de tekst aangesproken voelen.

5.4 De juiste taal

Het is uiterst belangrijk, dat je je eindwerk of rapport in correct Nederlands schrijft. Maak daarom gebruik van de ingebouwde spelling- en grammaticacontrole van het tekstverwerkingsprogramma. Een extra woordenlijst installeren om te raadplegen tijdens het schrijven is eveneens aan te raden. In de gedrukte *Woordenlijst Nederlandse taal* vind je eveneens de juiste schrijfwijze van Nederlandse woorden.

6 Spatiëringsregels

In de volgende tabel vind je hoeveel spaties vóór en na een teken komen. Telkens maakt een voorbeeld dit duidelijk. Een spatie wordt voorgesteld door ▲.

6.1 Spaties bij aparte tekens

Benaming	Teken	Spaties voor	Spaties na	Voorbeeld
Woordtekens				
Afkortingspunt (einde van een afkorting of van initialen)	.	0	1	*prof.▲dr.▲J.▲Vandevelde*
Afkortingspunt (in een afkorting of tussen initialen)	.	0	0	*a.u.b. v.l.n.r. J.L.A. Vandewalle*
Apostrof	'	0	0	*baby'tje tv's auto's*
		0	1	*Schampers'▲mailbox*
		1	0	*Hij kan▲'s nachts niet slapen.*
Beletselteken (einde van een woord)	...	0	1	*De belastingdruk is potverd...▲hoog genoeg.*
Haakjes	( )	0	0	*De vertegenwoordig(st)er*
Liggend streepje	-	0	0	*De 10-jarige gaf haar een bosje vergeet-mij-nietjes.*
				De voetbalmatch Anderlecht-Brugge
		0	1	*In-▲en uitvoer*
		1	0	*Buitengaan of▲-sluipen*
Schuine streep	/	0	0	*In de bebouwde kom mag je maar 50* km/h *rijden.*
Leestekens				
Aanhalingstekens	' " ' "	1	0	*Hij zei:▲'Wees▲"in"▲en ga uit.'*
	' " ' "	0	1	
Beletselteken (in een zin)	...	1	1	*Het resultaat is▲...▲tevreden klanten!*
Beletselteken (einde van een zin)	...	1	1	*Hij wist niet of hij misschien▲...▲Hij liet zich niet beïnvloeden.*
Beletselteken (bij een opsomming)	...	1	1	*Frans, Spaans, Italiaans▲...▲zijn Romaanse talen.*
Dubbelpunt	:	0	1	*De voordelen:▲licht, goedkoop en waterbestendig.*

Benaming	Teken	Spaties voor	Spaties na	Voorbeeld
Gedachtestreep	–	1	1	*Als je een verkeerd wachtwoord invoert, krijg je▲–▲afhankelijk van de instellingen van het systeem▲–▲ nog twee of drie nieuwe kansen.*
Haakjes	([ )]	1 0	0 1	*Op energiekosten▲(20 %)▲willen we besparen.*
Komma	,	0	1	*Groenland,▲het grootste eiland ter wereld,▲heeft een van de laagste inflatiecijfers.*
Punt (einde van een zin)	.	0	1	*Het internet wordt door de meeste mensen vooral thuis gebruikt.▲Er wordt een belangrijke groei vastgesteld van het aantal intensieve gebruikers.*
Puntkomma	;	0	1	*Tabstops op: 0,5;▲1;▲1,5;▲2 en 2,5* cm.
Uitroepteken	!	0	1	*Veel leesgenot!▲Tot binnenkort!*
Vraagteken	?	0	1	*Heeft het papieren boek echt afgedaan?▲Het zal zo'n vaart niet lopen!*

Wiskundig-wetenschappelijke tekens

Benaming	Teken	Spaties voor	Spaties na	Voorbeeld
Decimale komma	,	0	0	*De discontovoet bedraagt 3,5 %.*
Diameterteken	Ø	1	1	*Buis type AZT13▲Ø▲50* cm
Dubbelpunt (tijdsaanduiding)	:	0	0	*De maansverduistering begint om 04:57:04,50.*
Graadteken	°	0	1	*90°▲is een rechte hoek.* *Bier van 8°▲alcoholgehalte*
	°	0	0	*8°53'34"*
Minteken (negatieve waarde)	-	1	0	*De temperatuur was vannacht▲-15°.*
Minuutteken (boogminuten)	'	0	1	*Beide planeten stonden op amper 8'▲van elkaar.*
Plusteken (positieve waarde)	+	1	0	*De gemiddelde temperatuur was▲+12* °C.
Procentteken	%	1	1	*Dat vertegenwoordigt 10▲%▲van de bevolking.*
Promilleteken	‰	1	1	*Een alcoholniveau van 0,51▲‰▲is strafbaar.*
Punt (tijdsaanduiding)	.	0	0	*De vergadering begint om 12.30 uur.*

Benaming	Teken	Spaties voor	Spaties na	Voorbeeld
Rekenkundige operatoren	= + - x :	1	1	*(24▲+▲4)▲:▲2▲=▲(8▲-▲1)▲x▲2*
Relationele operatoren	< > ≤ ≥	1	1	*3▲>▲1* *3x▲-▲4y▲≤▲7y*
Secondeteken (boogseconden)	″	0	1	*Een afwijking van maximaal 30″▲op een hoek van 15°.*
Temperatuurteken (wetenschappelijk)	°	1	0	*De gemiddelde temperatuur is 20▲°C.*
Temperatuurteken (informeel)	°	0	1	*Het is vandaag 20°▲in de schaduw.*

Andere tekens

Benaming	Teken	Spaties voor	Spaties na	Voorbeeld
Ampersand	&	1	1	*Bosmans▲&▲Co*
Beletselteken	(...)	1	1	*Gehele of gedeeltelijke over-dracht▲(...)▲onder meer▲(...)▲in licentie▲(...).*
Geboorteteken	°	1	0	*Albert Einstein▲°1879*
Liggend streepje	-	0	0	*Abdijstraat 14-16*
Muntcodes	€ $	1	1	*Prijs▲€▲23,45* *Prijs▲$▲450*
Overlijdensteken	†	1	0	*Albert Einstein▲†1955*
Paragraafteken	§	1	1	*Artikel 24▲§▲1 van de Grondwet behandelt de vrijheid van onderwijs.* *De▲§§▲12 tot 16 zijn herzien.*
Streepje	–	1	1	*Spreekuur: 10▲–▲12 uur*
Voet- of eindnoten	1 1) (1)	0	1	*Chomsky heeft in een andere publicatie[1]▲aandacht besteed aan dat probleem.*

Tabel 3: spaties bij aparte tekens

6.2 Spaties bij combinaties van tekens

Als twee tekens op elkaar volgen, hebben de spatiëringsregels van openende haakjes en aanhalingstekens steeds voorrang.

Albert Einstein▲(°1879–†1955)
Gebruik de juiste eenheid▲(°C).
De student antwoordde:▲'§ 3 bevat de kern van het antwoord.'

Bij andere combinaties pas je de spatiëringsregels van het tweede teken toe.

Ze zei:▲'Wees "in",▲ga uit.'

7 Evaluatieschema's voor je rapport of eindwerk

Via het rapport of eindwerk probeer je een bepaalde boodschap over te brengen naar de lezer of luisteraar. Je kunt zowel de schriftelijke neerslag als de mondelinge toelichting zelf evalueren aan de hand van volgende schema's.

7.1 Duidelijkheid

Je formuleert je boodschap zo, dat de lezer/luisteraar ze eenduidig interpreteert. Hierbij is het belangrijk, dat je de tekst duidelijk structureert en dat je alle nodige gegevens opneemt.

Evalueer jezelf.

Criteria	Ja	Neen
1 Gebruik je woorden die de lezer/luisteraar kent?		
2 Is de vakterminologie die je eventueel gebruikt duidelijk genoeg voor de lezer/luisteraar? Moet je ze niet in een voetnoot verklaren?		
3 Is de zinsbouw begrijpelijk en vermijd je zoveel mogelijk passieve constructies?		
4 Heb je in de alinea's de kern duidelijk verwoord?		
5 Bevat de tekst voldoende structuuraanduidingen?		
6 Bevat de tekst alle informatie die de lezer/luisteraar nodig heeft?		
7 Is de tekst eenduidig te interpreteren?		
8 Is de informatie helder gestructureerd?		
9 Is het taalgebruik in de tekst voldoende zakelijk en functioneel?		
10 Maak je de tekst duidelijk met titels, tussenkopjes, alinea's, tabellen ...?		

Tabel 4: evaluatieschema duidelijkheid

7.2 Correctheid

Je past de regels in verband met spelling, grammatica en normen correct toe. Niet alleen naar de vorm, maar ook naar de inhoud bied je correcte informatie aan.

Evalueer jezelf.

Criteria	Ja	Neen
1 Gebruik je consequent de voorkeurspelling/de standaarduitspraak?		
2 Heb je de spellingcontrole gebruikt? Is je tekst vrij van spelfouten/uitspraakfouten?		
3 Is de woordkeuze correct?		
4 Heb je de grammaticale controle gebruikt? Is de tekst vrij van grammaticale fouten?		
5 Bij schriftelijke communicatie: is de interpunctie correct? Bij mondelinge communicatie: zijn de intonatie en de pauzes correct?		
6 Is de tekst vrij van stijlfouten?		
7 Zijn de tekstdelen samenhangend?		
8 Is de tekst logisch opgebouwd?		
9 Is de informatie juist en volledig gepresenteerd?		
10 Zijn alle normen en afspraken correct toegepast?		

Tabel 5: evaluatieschema correctheid

7.3 Aantrekkelijkheid

De lezer/luisteraar ontvangt je boodschap veel vlotter als je die presenteert in een aantrekkelijke vorm, d.w.z. met een goede lay-out, formulering en presentatie.

Evalueer jezelf.

Criteria	Ja	Neen
1 Is de tekst vlot geformuleerd?		
2 Is er voldoende afwisseling in de zinsbouw?		
3 Is er voldoende afwisseling in de lengte van de tekstonderdelen?		
4 Gebruik je een rijke en gevarieerde taal?		
5 Gebruik je goede aandachttrekkers? Zijn de illustraties, voorbeelden, documenten en bijlagen relevant?		
6 Gebruik je een goede inleiding en een gepast besluit?		
7 Heeft de tekst nieuwswaarde?		
8 Formuleer je je gedachten positief?		
9 Is de presentatie van de tekst aantrekkelijk? Voor geschreven teksten: witregels, tussenkopjes, illustraties … Voor mondelinge teksten: elektronische presentatie, video …		
10 Is de afgedrukte tekst vrij van typfouten, verkeerde splitsingen, te veel witruimte tussen de woorden …?		

Tabel 6: evaluatieschema aantrekkelijkheid

7.4 Gepastheid

Je formuleert je boodschap zodanig, dat je voldoet aan de algemeen geldende omgangsregels.

Evalueer jezelf.

Criteria	Ja	Neen
1 Gebruik je consequent het gekozen taalregister (de juiste toon)?		
2 Is de toon voldoende zakelijk-neutraal?		
3 Gebruik je op gepaste wijze de aanspreekvormen?		
4 Is de zinsbouw passend (niet te kinderlijk eenvoudig en ook niet onbegrijpelijk complex)?		
5 Vermijd je seksismen, racistische uitspraken en andere vooroordelen?		
6 Is de tekst positief beleefd opgebouwd?		
7 Ga je tactvol te werk?		
8 Communiceer je ontvangergericht, m.a.w. staat de lezer/luisteraar centraal in de boodschap?		
9 Hou je voldoende rekening met de achtergrond van de lezer/luisteraar (kennis, attitude, vaardigheid, gedrag, cultuur)?		
10 Weet de lezer/luisteraar duidelijk wat je van hem wilt, in het bijzonder als hij een ongevraagde boodschap krijgt?		

Tabel 7: evaluatieschema gepastheid

8 Index

9 Lijst van de tabellen

Sint-Augustinusinstituut
B R E E

EINDRAPPORT GEÏNTEGREERDE PROEF

Arbeidsoriënterende projectweek bij Scana-Noliko

Jan Gerits
Studierichting TSO Handel
Tweede leerjaar • derde graad
Schooljaar 2007-2008

Geïntegreerde proef

INSTITUUT
MARIA OPDRACHT
BSO-TSO
3630 MAASMECHELEN

Monografie

United Furniture

Sofie Steegmans

Studierichting Kantoor BSO
Tweede leerjaar • derde graad
Schooljaar 2007-2008